문학과지성 시인선 341

리스본行
야간열차

황인숙 시집

문학과지성사

문학과지성사에서 펴낸 황인숙의 시집

새는 하늘을 자유롭게 풀어놓고(1988)
슬픔이 나를 깨운다(1990, 개정판 1994)
우리는 철새처럼 만났다(1994)
나의 침울한, 소중한 이여(1998)
자명한 산책(2003)
못다 한 사랑이 너무 많아서(2016)
내 삶의 예쁜 종아리(2022)

문학과지성 시인선 341
리스본行 야간열차

초판 1쇄 발행 2007년 12월 10일
초판 7쇄 발행 2023년 6월 8일

지은이 황인숙
펴낸이 이광호
펴낸곳 ㈜문학과지성사
등록번호 제1993-000098호
주　　소 04034 서울 마포구 잔다리로7길 18(서교동 377-20)
전　　화 02)338-7224
팩　　스 02)323-4180(편집) 02)338-7221(영업)
전자우편 moonji@moonji.com
홈페이지 www.moonji.com

ⓒ 황인숙, 2007. Printed in Seoul, Korea

ISBN 978-89-320-1829-4　03810

이 책의 판권은 지은이와 ㈜문학과지성사에 있습니다.
양측의 서면 동의 없는 무단 전재 및 복제를 금합니다.

지은이는 한국문화예술위원회가 지원한 창작지원금을 수혜했습니다.

문학과지성 시인선 341
리스본行 야간열차

황인숙

2007

시인의 말

문득 궁금하다.
내 속에 아직 시의 씨앗이라는 게 살아 있어,
촉촉이 비 내린 뒤 햇빛 쏟아지는 날들엔 발아할까.
아니면 이미 모래알처럼 굳어버린 걸까. 다른 이들도,
근면해야 시를 거두는 걸까. 아니면 절로 풍요로운
시의 정원을 홀홀히 거니는 시인도 있는 걸까.
또 궁금하다.
다른 사람들도 이렇게 졸린데 꾹 참고 일어나곤 하는 걸까,
아니면 늘 나만큼 졸립진 않은 걸까.

2007년 12월
황인숙

리스본行 야간열차

차례

시인의 말

웃음소리에 깨어나리라   9
산오름   11
매트릭스 2004   12
소쿠리 가득 봄볕이   14
無言歌   15
장마   16
여름이 오고 있고나   18
그 참 견고한 외계   19
지붕 위에서   20
낮잠   22
해방촌   24
여름 저녁   25
오후 세 시의 식사   26
내가 세 들어 사는 집의 뜰   27
파두―리스본行 야간열차   30
파두―Dear Johnny   32
골목쟁이   34
파두―비바, 알파마!   35
고양이들과 보내는 한 철   38

무한공간을 달리는 오토바이 40
알 수 없어요 41
고독한 HD 42
視線의 무게 44
病棟의 비 45
가을날 46
라이프 캐스팅 47
유령 48
〈손대지 마시오〉 50
카페 마리안느 51
repeat 52
흐린 날 54
버지니아 울프 55
부글거리는 유리병 속 물 56
묵지룩히 눈이 올 듯한 밤 58
봄 캐는 여자 59
하늘꽃 60
란아, 내 고양이였던 62
알쏭달쏭한 詩 65
spleen 66
지하철에서 68
세상의 모든 비탈 70
럭셔리한 그녀 71
입장과 방향 72
지하철의 詩 74
詩와 고양이와 나 76

아무도 아닌 사람　78
깊은 졸음　80
르네 마그리트　81
언덕 위 교회당　82
권태　84
여름의 목록 1　86
패배자들의, 가능세계　87
집 1　90
꿈속의 나오미　92
고양이를 부탁해　94
인연　96
가을의 끝　97

해설 | '황인숙 때문에 황인숙보다 더 유명한
황인숙의 고양이'라는 말이 가능한 까닭 · 김정환　98

조니와 앤디,
내 그리운 조카들에게

웃음소리에 깨어나리라

낯선 집 낯선 가족 낯선 식사 자리에
돌연 내가 있다
어색해하는 건 나뿐
이들은 낯선 나를 개의치 않고
식사를 계속한다
하도 이상해서, 이게 꿈인가? 곰곰
생각해보니 꿈이 맞다
꿈인 줄 알면서도 어색하다
어찌나 어색한지 꿈같지 않다

그 세계 사람들은
얼마나 이상하게 사는 걸까?
난데없이 누군가 나타났다가
절로 사라지곤 하니

다음엔 한번 웃어보리라
커다랗게 깔깔깔 웃어보리라
그들이 깨어나리라

나를 빤히 바라보리라

봐라, 달이 오줌을 눈다
무덤 저편도 젖을 것이다.

산오름

친구와 북한산 자락을 오른다
나는 숨이 찰 정도로 빨리 걷고
친구는 느릿느릿,
그의 기척이 이내 아득하다
나는 친구에게 돌아가 걸음을 재촉한다
그러기를 몇 번, 기어이 친구가 화를 낸다
산엘 왔으면, 나무도 보고 돌도 보고
풀도 보고 구름도 보면서 걷는 법이지
걸어치우려 드느냐고
아하!
친구처럼 주위를 둘러보며 걸으려는데
어느 새 획획 산을 오르게 되는 나다
땀을 뚝뚝 흘리며 바위에 앉아 내려다보면
멀리서 친구가 느릿느릿 올라온다
나무도 데리고 돌도 데리고
풀도 데리고 구름도 데리고.

매트릭스 2004
―― 李箱풍으로

젖은 사막 같은
마른 갯벌 같은
구불구불 끝없이 펼쳐진 거울의 만다라
한가운데 아이가 있소
아이는 거울의 미로를 샅샅이 훑고 있소
끈덕지게 살피고 있소
때때로 거울 속이 새하얗소
햇빛이 핵폭풍처럼
萬像을 부숴버리는 거요
萬像이라 해봤자
거울 속에는 젖은 사막
마른 갯벌 같은 황량한 만다라
손톱이 다 닳은 아이 하나가 있을 뿐이오
아이는 거울을 벅벅 긁고 있소
빨리 저 속으로 들어가야 한다고
도대체 입구가 어디냐고
급기야 아이는 소리를 뻐끔뻐끔 지르고 있소
(뒤를 돌아봐, 딱 한 번만)

아이는 꼼짝 않고

거울에서 눈을 떼지 못하고 있소

(눈을 감고 몇 발짝만 뒷걸음쳐 와봐)

아이의 애닳은 눈이 한없이 커져

鏡面을 샅샅이 빨아들이오

어쩌면 아이는 지금

거울 속에서 내다보려 하는 건지도 모르겠소.

거울 속에는 소리도 없지만 도대체 여기가 보이지 않을 테요.

소쿠리 가득 봄볕이

길바닥에 낡은 소쿠리 하나 기우뚱 서 있다
그 밑에 쌀알이 반의 반 움큼 흩어져 있다
아주까리 씨앗같이 얼룽얼룽 여무신 얼굴로
할머니 한 분 담장에 기대 앉아 지켜보신다
무엇을 잡으시려는 걸까?
비둘기 한 마리 아장걸음으로 기웃거린다
나도 기웃기웃

소쿠리 가득 봄볕
할머니 눈에 봄빛
땅바닥 얼룽얼룽, 흩어진 쌀알

無言歌

뻐꾸기가 뻐꾹,
뻐꾹 울면서 날아간다
날아가는 건 비둘기
뻐꾹시계가 한 번 울 때마다
벽 저편에서 차례를 기다리던
열두 마리 비둘기가 한 마리씩
푸득거리며 날아간다
푸득거리는 건 빗소리
대꾸하지 않아도 상심하지 않는
옹알거림이여, 투덜거림이여, 킬킬거림이여
나는 빗소리 속으로 자맥질한다
비 듣는 잠결.

장마

빗방울보다 단단한 것들이
빗방울을 가볍게
맞받아치는 소리 들린다
또 하염없이 맞받아치는
냉장고 위 천장 구석
둘둘 말린 거미줄, 이라기보다 거미줄의 허물
열린 창으로 바람이 들이칠 때마다
풀썩, 풀썩, 몸을 뒤챈다
이 방에서 거미를 본 바 없는데
저렇듯 거미의 자취가 종종 보인다
비 오는 날은 거미들이
공치는 날일 것이다
파리, 나방이, 잠자리, 하루살이
그 많은 날벌레도 그럴 것이듯

하필이면 급경사길이 많은 동네에서
폐지를 모으는 할머니를 종종 본다
비 오는 날 그분을 만나면

세상이 폐지처럼
거미줄처럼 눅눅해진다
할머니시여, 빗방울보다 단단하소서.

여름이 오고 있고나

용산 구민체육대회를 보러
용산 중고등학교에 가는 길
문득 잠에 떨어질 듯한
저 붐빔, 시듦의 붐빔
탁발 나온 꿀벌 한 마리 없고나
향기도 나고 코피도 나던 장미꽃 덤불
문득 심심한 걸음 멈추고
마치 이걸 탁발하러 나선 듯
감읍하여 눈에 담던 장미꽃 덤불
향기고 코피고 흔들어 다 헹궈내고
한 무더기 혼곤으로
담장에 얹혀 있고나
저 건너편에서 떠들썩 운동장을 흔들며
여름이 오고 있고나.

그 참 견고한 외계

새끼고양이가 움직이네
송사리처럼 매끄럽게
송사리처럼 소리없이
멈출 때도 송사리처럼 멈추네

접어서 벽에 기대 놓은 빨래건조대를
송사리처럼 오르내리네
노란 빨래집게를 재빨리
물었다 뱉었다 희롱하네
어디서 왔니, 새끼고양아?

새끼고양이, 아무 소리도 못 들은 듯
내가 흘깃도 보이지 않는 듯
그러나 손을 뻗자
송사리처럼 재빨리 달아나네
물속의 송사리처럼 새끼고양이
아무것하고도 섞이지 않네.

지붕 위에서

기와 지붕, 슬레이트 지붕, 콘크리트 지붕, 천막으로 덮인 지붕,
굽이굽이 지붕들의 구릉과 평원을 굽어본다
지붕들이 품고 있을 크레바스와 동굴들, 겹과 틈까지
샅샅이 굽어본다
와우, 저 지붕을 쫘아악 펼치면
지상을 몇 번이나 덮을까? 견적을 뽑는데
은빛 천막 위에서 몸을 쭉 뻗고
일광욕을 즐기던 고양이가 예감이 이상한 듯
고개를 들어 둘러보다 나를 향해 얼굴을 멈춘다
심기가 불편한 모양이다
걱정 마시라, 네 영역을 공유하기에
내 몸은 너무 무거우니까
저 空中空間의 활용자인 고양이들
고양이의 몸 안에서 뻗치는 기운이
고양이를 위로위로 올려 보내서
광활한 이 영토를 발견하게 했으리라

아드레날린 중독자인 고양이들이여
기울어진 지붕, 흔들거리는 처마,
말하자면 기우뚱함에, 그리고 지붕과 지붕 사이의 허공에
너희는 환장을 하지
그래서 마치 지붕들이 고양이를 낳는 듯
불쑥불쑥 고양이가 지붕 위로 솟는 것이다

뒤안길도 사라진 이 도시에서
지붕 위의 뒤안길, 말하자면 위안길에
살풋 호흡을 얹어본다.

낮잠

지금은 내가
사람이기를 멈추고
쉬는 시간이다
이 시간 참 많은 사람들이 나를 찾아온다
알 듯한 모르는 사람들과
모를 듯한 아는 사람들
그리고 전혀 모를 사람들

어떤 사람이 공연히 나를 사랑한다
그러면 막 향기가 난다, 향기가
사람이기를 멈춘 내가 장미꽃처럼 피어난다
톡, 톡, 톡톡톡, 톡, 톡,
지금은 내가
사람이기를 멈추고 쉬는 시간
아는 이 모두를 저버린 시간

문득, 아무래도 상관없다,
아무래도 상관없다고,

톡, 톡, 톡톡톡, 톡, 톡!
사람이기를 멈춘 내
영혼에 이빨이 돋는다
아는 이 모두가 나를 저버렸다!

톡, 톡, 톡톡톡, 톡, 톡,
모두 다 꿈이라고
절세가인 날씨의 바람이
나를 흔들어 깨운다.

해방촌

보랏빛 감도는 자개무늬 목덜미를
어리숙이 늘여 빼고 어린 비둘기
길바닥에 입 맞추며 걸음 옮긴다
박카스 병, 아이스케키 막대, 담뱃갑이
비탈 분식센터에서 찌끄린 개숫물에 배를 적신다
창문도 변변찮고 에어컨도 없는 집들
거리로 향한 문 활짝 열어놓고
미동도 않는다
우리나라의 길을 따라서 샛길 따라서
썩 친숙하게
빛바랜 셔츠, 발목 짧은 바지
동남아 남자가 걸어온다
묵직한 검정 비닐봉지 흔들며, 땀을 뻘뻘 흘리며
햇볕은 쨍쨍
보랏빛 감도는 자개무늬 목덜미 반짝.

여름 저녁

조금쯤 서늘한 바람이 불고 있을 듯한
먼 하늘에
태양이 벗어놓은 허물
둥실 떠 있다
조금쯤 바람 빠진 듯
맥없이 부푼 주홍빛 풍선
맥놀이 퍼지는 하늘

"그래, 이대로 이렇게 사는 거지, 뭐!"
버럭 중얼거리며
어리둥절하다
뭘?
몰라, 가슴 쓰리다.

오후 세 시의 식사

찻길가의 조그만 빵집
하나밖에 없는 조그만 테이블 앞에
소박하고 정갈한 정장 차림의
아직 늙지 않은 한 아주머니
테이블 위에는 보랏빛과 잿빛이
섞인 속살을 드러낸 케이크 한 조각
그리고 갈색 조그만 드링크 병

아주머니는 이따금 한 모금씩
드링크로 입을 적시며
달게 케이크를 베어 물었다
유리벽 너머의 거리에
비스듬히 등을 돌리고.

내가 세 들어 사는 집의 뜰

내가 세 들어 사는 집의 뜰은
사다리 뜰이죠
맨 밑에 장독과 화분들이 있어요
그중 커다란 항아리 하나는 엎어놓았죠
그 위에 푸르스름 마른 이끼 낀
시루가 얹혀 있어요
시루 위에 나리꽃 한 잎
지금 뜰에는 나리꽃들 한창 시들고
무궁화 꽃들만 생기 있답니다
감나무와 대추나무와 목련나무는
매미 소리 다닥다닥 목이 마르죠
맨 꼭대기 포도나무는 덩굴손을
중턱까지 무성히 뻗고 있어요
잡초와 난초도 무성히
보일러용 호스, 판자때기, 비닐장판, 기왓장,
뒤집힌 채 녹슬어가는 의자, 방충망들 함부로 쌓인
이웃집 벽 아래까지 무성히
무더운 그늘을 키우고 있죠

저기 포도나무 아래로
고양이 한 마리가 어슬렁 걸어오다
우뚝 발을 멈추네요
포도 잎으로 몸을 감추네요
내가 세 들어 사는 집의 뜰을 자세히 보면
여기저기 동그란 얼굴이 숨어 있어요
세상에서 가장 동그란 것 중 하나가
떨어져서 보는 고양이 얼굴이죠
내가 세 들어 사는 집의 뜰은
홈리스 고양이들의 아지트예요
그중 한 고양이가 달포 전 새끼를 낳았어요
예닐곱 마리? 글쎄, 잘 모르겠어요
그보다 적지는 않을 거예요
이 작은 밀림에서 녀석들을 보면
"고양아, 예쁜이들아!"
외치지 않을 수 없죠
그러면 녀석들은 폭탄 터지듯
사방으로 튀어 달아났죠, 내 애를 닳게 했죠

이제는 두 걸음쯤 거리에선
나를 말끄러미 바라봐요, 귀를 쫑긋거리며
아, 참! 이 뜰에서
다듬이 돌 두 개도 빼놓을 수 없겠군요
특히 턱이 지는 두 개의 층을
오르내릴 때 딛기 위한 거죠
물론 고양이에겐 쓸모없는 거죠.

파두
―리스본行 야간열차

잠이 걷히고
나는 서서히
부풀어 올랐다
어떤
암울한 선율이
방울방울
內分泌됐다
공기가 으슬으슬했다
눈을 들어 창밖을 보니
한층 더 으슬으슬하고 축축한
어둠이었다

끝없이 구불거리고 덜컹거리는
産道를 따라
구불텅구불텅
덜컹덜컹
미끄러지면서

(이 파두, 숙명에는 기쁨이 없다.)

나는 점점 더
부풀어 올라
탱탱해졌다
오줌으로 가득 찬
방광처럼.

파두
—— Dear Johnny

어제 아침,
아폴로니아 역에서 나를 맞은 것은
이틀 전쯤 지어놓은 듯한
꾸득꾸득 식은 아침이었다
차가운 햇살 속에
여행객들보다 지친 모습의
호객꾼들이 웅성거렸다
싸고 좋은 호텔이 있다며
남자들 여자들 늙은이들 젊은이들
심약하고 영악한 눈빛 쏟아지던 역전 광장
내 마음은 낮게 가라앉았다

파두의 도시 리스본이다

지난밤,
리스본의 첫 밤이자 마지막 밤
파두 카페에 갔었다
숙명에는 기쁨이 없다고

숙명이라는 말에는 기쁨이 없다고
숙명이 거듭거듭 노래했다
눈 밑살에 주름이 쩌억, 가는 듯했다
파두 기타가 검은 옷을 입은 숙명을 이끌었다
숙명은 떨면서 어둠 속으로 사라져갔다
내 영혼은 숙명에 홀렸다
루시타니아*의 고된 숙명에
Bye.

* 포르투갈의 옛 이름.

골목쟁이

어제도 오늘도
그 사람이 그 사람인
그 사람들이나 지나다닌다
나무 한 그루 없는 골목쟁이
심심함이
바닥을 패고
시멘트벽을 금 내고
페인트칠을 벗긴다
낯선 강아지 한 마리가 흘러들거나
어느 집에 손님이라도 오면
골목쟁이는 두근두근
보안등을 밝히고 귀를 바짝 세운다

내가 백 번도 천 번도 더 읽은
우리 집 앞 골목쟁이
골목쟁이도 날 훤히 외울 것이다
때로 골목쟁이도
다른 발걸음이 읽고 싶을 것이다.

파두
—비바, 알파마!

한 달이면 스무아흐레
핀둥핀둥 놀다가 단 하루
마감 닥친 쪽글을 쓰느라 낑낑거리며
잡문 없는 세상에서 살고 싶다! 부르짖는
가난하고 게으른 시인이
그 동네에도 살고 있을 것이다
그 비탈 좁은 계단길
한 좁은 아파트의
지붕 밑 좁은 방에서

그 동네도 택시운전사들이
이루 길을 다 알지 못할 것이다
어중이떠중이 떠돌던 삶들이
언덕을 얼키설키 오르내리다
그대로 멈춰 이룬 동넬 테니까

산동네를 산책할 때면
갈림길에서마다 생각키우길:

다시 오를 길이라면 내려가지 말자
그래서 골목길을 돌고 돌면서
결국엔 오르고 또 오른다

그 동네 저 아래에
파두 박물관이 있었다
파두 풍으로 퉁퉁거리며
길게 그늘진 계단길을 지나
중학생들이 모여 본드를 마실 법한
외진 모퉁이를 비껴 지나

파두 박물관의
술집처럼 꾸며진 한 방에서는
고난에 찌들고 비탄에 빠진 밀랍인형들이
더 이상 취하지도 깨지도 않는
영벌을 받고 있었다
애달프고 고달픈
파두의 간水에 절어 있었다

각기 다른 술들이
방울, 방울, 방울,
섞이는 것 같은
먼 불빛
먼 파두 소리

어느 날 그 동네에 사는 시인은
파두 박물관의
밀랍인형이 될지도 모르겠다

다시 오를 길이라면,
내려가지 말자.

고양이들과 보내는 한 철

커다란 접시에 한가득
튀김 닭의 껍질과 연골과
뼈에서 발라낸 살점을 담아
신이 나서 달려갔습니다
이러려고 어젯밤,
술자리에서 남은 안주를 싸왔지요
그런데 검정얼룩 수고양이 놈이
입에서 시잇! 시잇! 독사 소리를 내는 게 아니겠어요?
온몸 팽팽히 공격 자세를 하고서요
이것 좀 봐, 접시를 내밀며
사태를 파악하길 바랐는데,
등등한 기세를 풀지 않더군요. 옆에서 암고양이는
싯, 소리를 작게 냈다 말았다
난처한 듯 우두커니 섰고요
나는 화가 나서 수고양이를 향해
허공에 검지손가락을 찌르며 외쳤어요
"너는 저리 가!"

그러자 그놈 약간 기가 꺾여
진짜 저리로 가더군요
풀 죽은 암고양이만 남았어요
수고양이 놈이 한 점도 입에 넣지 못하도록
그릇이 텅 빌 때까지 지키고 설까 했지만
내가 참았습니다
괘씸한 놈 같으니라고
도대체 왜 그러는 거야?
그러려면 내가 주는 것도 먹지 말든가
투덜투덜 돌아오면서
생각키우는 게 있었습니다
올봄에 저들이
새끼를 낳았거든요
내 발소리가 멀어지면
도둑고양이 가족이 머리를 모으고
성찬을 벌이겠지요.

무한공간을 달리는 오토바이

일요일 아침
공립 고등학교 텅 빈 운동장을
오토바이 폭주족이 내달린다
목적지도 없이, 그러니까 끝없이
영원까지 달릴 듯 저 굉음들
쌩쌩 도는 원심분리기들
운동장을 뜨겁게 휘저으며
제 갇힌 청춘들을 휘저으며
폐곡선을 무한공간으로 만든다
일요일 아침이
하얗게 뒤집힌다

꽃 한 다발
툭
던져주고 싶다.

알 수 없어요

내가 멍하니 있으면
누군가 묻는다
무슨 생각을 그리 골똘히 하느냐고

내가 생각에 빠져 있으면
누군가 묻는다
왜 그리 멍하니 있느냐고

거미줄처럼 얽힌 복도를 헤매다 보니
바다,
바닷가를 헤매다 보니
내 좁은 방.

고독한 HD

아스팔트 위에 폭우처럼
유리 파편이 쏟아져 흩어졌으리라
차바퀴들에 깔리고 걷어차여
여기까지 튕겨져 왔으리라
남산 순환도로 독일문화원 앞에서
누군가 상체를 구부려 집어 들고
한참을 들여다보다 나뭇가지에 걸쳐놓은
할리 데이비드슨 선글라스
세상을 채색하던 안경알들이 빠져나간
은빛 테가 차갑게 빛난다
이음새는 끊어지고, 한 쪽 다리가 꺾여
요가라도 하는 듯한 자세지만

할리 데이비드슨, 할리 데이비드슨, 모터사이클 할리 데이비드슨
HD, HD, 메이드 인 이태리, 할리 할리 데이비드슨
온몸에 덕지덕지 제 이름 새겨놓고
HDS 002 102 3 128

번호까지 있네

이렇게 될 줄 알았단 걸까?

視線의 무게

한, 視線이 사라졌다는 것
저 모든 집들과 길들,
사람들, 팽이처럼 쏘다니는
바람, 햇빛의 도금이
씌워졌다 벗겨지는 유리창들
응시하던 視線의
무게가 툭, 떨어져나갔다는 것

둥둥 떠오르는 지상의 視線들이
납작하게 맺힌 잿빛구름
흩어져 아득히
흘러간다

이곳에서 멀리
그대에게 몸을 굽혀
나는 천천히
천천히 절을 하네.

病棟의 비

그녀의 눈, 빗방울 흠뻑 빨아들이고
그녀의 코, 흠씬 비 냄새 들이켰다

비 앞에 가만히 멈춰서는
生을,
간질이는 빗소리

한 대 맞은 듯한 얼굴로
어딘지 서늘하기도 한 얼굴로
그녀는 빗방울들을
꽉 움켜쥐듯 바라봤다.

가을날

눈을 꼭 감고
"난 몰라, 이게 뭐예요!"
울려는 듯 비죽거리는
입을 뾰로통히 꼭 다물고
앞뒤 양다리를 뻣뻣이 모으고
옆으로 누워 있었다

새벽이면 쓰레기봉투들 거둬가는 곳 근처에서
우두커니 내려다보았던 어린 고양이

어디를 찾아봐도 보이지 않음으로
여름이 가버린 걸 알 수 있듯
아, 그렇게
죽음이 시체를 남기지 않았으면 좋겠다
애도 속에서 질겨지는 시체들을.

라이프 캐스팅

은숙과 통화
보일러 고치기
옥션 7만9천9백 원 송금
세아제강 원고 8매

오늘들이 굴러굴러
또 가을이 버석거리며 가고 있다
따분하고 초조한 얼굴이다
도대체 얼굴을 붉혀본 게 언제 적 일인지
내 얼굴도 온통
붉게 넘실거리던 때가 있었다
빨개진다, 빨개져, 생각만 해도
두개골까지 달아올랐던
공포스러웠던 그 홍조
그때 내가 소원했던 게
이 뻐덩뻐덩한 간헐천?
(수줍음과 수치심, 감격의 홍수 사라진?)

유령

그에게 '두 사람만의 배타적 공간'*으로 주어진 것은
피살의 순간이었다
그는 그 얼굴을 보았다
오직 그만이 그 얼굴을
하필 생애의 마지막에
가장 낯설고 가장 강렬한
그 얼굴을

그는 서성인다
그 얼굴을 누군가에게 말해주고 싶어서
(그러면 무서움도 덜어질 것 같아서)
어쩌면 그것은
고발이 아니라 표현의 욕구였다
제가 본 것을 아무와도 나누지 못한다는 것,
얼마나 외로운 일일까
홀로 간직한 진상은 점점 희미해진다
(내가 본 것이 맞을까?)

기억이 희미해진 뒤에도 오래도록
그는 그곳을 떠나지 못하고 서성인다
무언가 중요한 것을
잃어버린 듯한, 잊어버린 듯한, 그곳을.

* '사랑은 모든 광고를 배제하는 두 사람만의 배타적 공간이다.'
　—프랑코 라 세클라의 『이별의 기술』에서

〈손대지 마시오〉

욕조 속으로
졸졸졸 흘러 떨어지는 물줄기를
하염없이 바라보는 고양이가 있다
고양이는 기다리지 않으면서
지나가는 것을 바라본다
시간이 지나가고
물이 가득 채워진다

지나가기를 기다리면서
의자는
깔고 앉아 있다
제 그림자를.

카페 마리안느

"누군 저 나이에 안 예뻤나!"
스무 살짜리들을 보며 중년들이 입을 모았다
난,
나는 지금 제일 예쁜 거라고 했다
다들 하하 웃었지만
농담 아니다
눈앞이 캄캄하고 앞날이 휘언한
못생긴 내 청춘이었다.

repeat

가끔은, (일 년에 한 일곱 번쯤?)
치키티타, 아주아주 어린 꼬마 계집애
그 곡을 무한정 들을 때가 있다
10여 년 저쪽 어느 길거리에서 산
'the music of Latin America'
악단 이름도 적혀 있지 않은 해적판 CD
16곡 중 13번째 곡, 총 4분 32초
(이름도 모르고 성도 모를)
악사들은 그리움을 다해 살뜰히 연주한다
치키티타, 환한 햇빛 속에
함박눈같이 펑펑 쏟아지고
간간이 높은 음 건반이
은방울꽃 줄처럼 흔들리며 은방울 소리를 울린다
그 하얀 소녀들, 나풀거리고 재잘거리다
다시는 결코 돌아오지 않으리라고
그렇게 반짝반짝 웃으며 사라진다
"그럼, 안녕!" 외치며
마구 쏟아지는 은방울 소리 속에서 마구 손을 흔

들며

   사라지는 어린 소녀들이여, 마지막 23초여!

   나는 되돌리고, 되돌리고, 되돌린다
   고개가 떨궈지지 않을 때까지.

흐린 날

이 세상 몇 십 년 살아도
내 세상 같지 않다는 얼굴로
나이 지긋한 양반이 간다
회사 십 몇 년 다녀도
내 회사 같지 않다는 얼굴로
회사 지긋지긋한 양복쟁이가 간다
꽃눈 잔뜩 단 꽃나무들이
웅크리고 진눈깨비를 맞는다
이런 생각을 할 꽃눈도 있으리라
"좋아, 이번이 아니라면 다음 생에는!"

버지니아 울프

밤 유리창에 비친 제 모습을
하염없이 들여다보는 검은 고양이 같다
목에서 가슴, 배까지의 털빛은
깜짝 새하얀

버지니아 울프,
때로 그녀는 보이지 않고
울음소리만 들린다
항의하듯, 신음하듯, 애소하듯,
누가 죽어가는 듯, 미치겠는 듯, 비통한 울음소리
때로 여러 여인네들 그 울음에 휩쓸려
한꺼번에 흐느끼고, 목 놓아 울부짖는다
무슨 일일까? 아, 대체 무슨 일? 저 울음소리!
(저리 딴 데 가 울라고
웬 사람이 버럭 소리 지른다)

보이지 않을 때 그녀는
꿈속에 있는 것과 같다
어떻게 그리로 건너갈까?

부글거리는 유리병 속 물

어느 날 문득
깜짝 깨닫게 네가 있었다
한 번도 닦아준 적 없는 이파리들은 낭창낭창 푸르렀고
붉은빛 도는 뿌리털들은 저 아래 모여
둥그스름 중심을 잡고 있었다
4년 세월을 너는 혼자
착실히 자라나 있었다
그날부터 네가 보였다
그런데 이제 내가
너를 자주 바라보는 이제
네 몸에 낯선 빛이 들어섰다
이곳과 저곳
그 사이를 너는 배회하는구나
노랗게 시들어가는 잎이 한 층, 한 층,
네 몸을 기어오르고
물속에서도 말라가는 뿌리털들이
유리병 가득 하얗게 풀어져 있다

맙소사, 도대체 왜?
물 밖으로 둥둥 뜬 뿌리털을 물속으로 밀어넣는데
한사코 떠오르는 뿌리털을 휘감고
나의 개운죽나무
아주 여린 어린 네가
숨찬 듯 솟구쳐 일어선다.

묵지룩히 눈이 올 듯한 밤

이렇게 피곤한데
깊은 밤이어서
집 앞 골목이어서
무뚝뚝이 걸어도 되는 혼자라서
다행이라는 생각도 들지 않았다
죽을 것같이 피곤하다고
피곤하다고
걸음, 걸음, 중얼거리다
등줄기를 한껏 펴고 다리를 쭉 뻗었다
이렇게 피곤한 채 죽으면
영원히 피곤할 것만 같아서
그것이 문득 두려워서

죽고 싶도록 슬프다는 친구여
죽을 것같이 슬퍼하는 친구여
지금 해줄 얘기는 이뿐이다
내가 켜 든 이 옹색한 전지 불빛에
生은, 명료해지는 대신
윤기를 잃을까 또 두렵다.

봄 캐는 여자

저 건너에 있는
저 건너에 있는
작은 섬을 마주하고
바다 이편 보리밭둑에서 한 아낙이
마른풀 덤불을 뒤지고 있습니다
뒤집힌 브이
열린 에이
곧추세운 꺾쇠
작은 섬, 돌섬처럼 허리를 꺾고

솜바지 엉덩이는 하늘 향해 쳐들리고
큼직한 남청 윗도리가 등허리에서
바다처럼 번들거립니다
머릿수건은 차가운 햇빛에 하얗게 바랬고요
할퀴려드는 마른 푸새를 밀치며
갈라진 손끝으로 보드라운 초록을 톡톡 캐내는 것
저 아낙의 휴식입니다.

하늘꽃

날씨의 절세가인입니다
얼마나, 얼마나, 아름다운지!
눈이 텅 비는 것 같습니다
앞서 떨어지는 눈송이들에 걸려
뒷눈송이들이 둥둥 떠 있는
하늘까지 까마득한 대열입니다
저 너머 깊은 天空에서
어리어리한 별들이 빨려들어
함께 쏟아질지도 모르겠습니다
나도 빨려들어
어디론가 쏟아져버릴 것 같습니다
모든 상념이 빠져나간 하양입니다
모든 소리를 삼키고
하얗게 쏟아지는 눈 오는 소리
나를 호리는 발성입니다

몇 걸음마다 멈춰 서
묵직해진 우산을 뒤집어 털어

길 위에 눈을 돌려줬습니다
계단골들이 안 보이도록 쌓인 눈
아무 데나 딛고 올라가려니
자꾸만 웃음이 비어져 나옵니다
내 방에 들어서 문을 닫으니
갑자기 조용합니다
호주머니 속에 눈이 가득 들어 있습니다.

란아, 내 고양이였던

나는 네가 어디서 오는지 몰랐지
항상 홀연히
너는 나타났지
주위에 아무도 없는 시간
그 무엇도 누구의 것이 아닌 시간
셋집 옥상 위를 서성이면
내 마음속에서인 듯
달 언저리에서인 듯
반 토막 작은 울음소리와 함께
네가 나타났지

너는 오직 나를 위해서인 듯 밥을 먹었지
네 밥은 사기그릇에서 방울 소리를 냈지
그리고 너는 물을 조금 핥았지
오직 나를 위해서인 듯
너는 모래상자를 사용했지
너를 붙잡아두고 싶었지만
그럴 수 없었지

너는 작은 토막 울음소리를 내며
순식간 몸을 감췄지
숨바꼭질을 하며 졸음은 쏟아지고
잠은 오지 않았지

그건 동트기 전이었지
우연히 나는 보았지
두 지붕 너머 긴 담장 위로
고단한 밤처럼 네가 걷는 것을
그 담장에는 접근 금지 경고판이 붙어 있지
너는 잠깐 멈춰
내 쪽을 흘깃 보았지
잠깐 비칠거리는 듯도 보였지
너는 너무도 고적해 보였지
오, 그러나 기하학을 구현하는 내 고양이의 몸이여
마저 사뿐히 직선을 긋고
담장이 꺾이는 곳에서
너는 순식간 소실됐지

그 순간 사방에서 매미들이 울어댔지
그 순간 날이 훤해졌지
그 순간 눈물이 솟구쳤지
너는 넘어가버렸지
나를 초대할 수 없는 곳
머나먼 거기서 너는 오는 거지
너는 너무도 고적해 보였지
나는 너무도 고적했지.

알쏭달쏭한 詩

파란 빨강, 빨간 파랑
도라지꽃 만발한 고사리꽃 만발한
담장 너머 숲 속에 새 한 마리
슬프고 어여쁘고 기기묘묘한 소리로
지저귄다 (너, 새 맞지?)
뭐라고, 뭐라고, 뭐라고,
뭐라는 말일까 (말하는 거 맞지?)
고개가 기울어지다, 기울어지다,
배배 꼬인다
누가 숨겨둔 소중한 것을
찾지 못하고 지나온 듯한
소녀시절.*

* 내 수첩에 적혀 있는데, 언젠가 스스로 떠올린 생각인지 아니면 어디서 베낀 건지 모를 구절이다.

spleen

넘어야 할 담도
넘고 싶은 담도 없다
담이 없으니 문도 없고
개구멍도 없다
담도, 문도, 개구멍도 없으니
들 일 날 일 없어
몸도 없는 듯
땅바닥에 빗긴 금이나 (어떻게 되나 보려고)
넘어본다, 고 하지만
쿵! 아구리를 한껏 벌린 쓰레기통에도 떨어지고
고가도로 밑 복개천에도 떨어지고
저무는 한강 물에도 떨어지고
장난감 기찻길에도 떨어지고
(좀 복이 있다면,
현재 습도 사십칠 퍼센트
낮 최고기온 이십오 도 오 부인 날
벚꽃 밑에도 떨어지고)
위조한 공문서에도 떨어지고

엿본 사문서에도 떨어지고
듣고 싶지 않은 의무 조항에도 떨어지고
애걸복걸에도 떨어지고
죽어라 도망가는 고양이 위에도 떨어지고
발랄한 멧돼지 위에도 떨어지고
눈 덮인 기타 등등 외로운 etc.에도 떨어지고.

지하철에서

예순 다 돼 뵈는 여자와 서너 살 아래로 뵈는 여자가 나란히 앉아 있다
두 사람 다 양손을 무릎 위 커다란 가방에 얹었다
살짝 비뚜름 문신을 한 눈썹 아래
꼬마눈사람처럼 말간 눈동자들
—언니,
서너 살 아래로 뵈는 여자가 꿈꾸듯 입을 연다
—다시 태어날 수 있다면, 남자는 싫어. 그냥 여자로 태어나는데, 엄마 아버지는 둘 다 꼭 있어야 돼. 그리고 건강하고, 예쁘고, 매력 있고, 능력 있고, 머리 좋고 성격 좋고,
—다 원하는구나, 다 원해. 그렇게 전부 갖추기가 어디 쉽나?
예순이 다 돼 뵈는 여자가 하품을 깨물며 대꾸한다
—아니, 돈은 그렇게 많지 않아도 돼.
서너 살 아래로 뵈는 여자가 항의한다
—그렇게 다 갖추면 돈도 절로 따르게 되지.
—그런가?

어둠이 씽씽 지나가는 차창에
깔깔 웃는 두 여자가 바르르 떨며 비친다

세상의 모든 비탈*

걷는 게 고역일 때
길이란
해치워야 할
'거리'일 뿐이다
사는 게 노역일 때 삶이
해치워야 할
'시간'일 뿐이듯

하필이면 비탈 동네
폐지를 모으는 할머니들
오늘 밤도 묵묵히
납작한 바퀴 위에
둥드러시 높다랗게 비탈을 싣고 나른다
비에 젖으면 몇 곱 더 무거워지는 그 비탈
가파른 비탈 아래
납작한 할머니들.

* KBS 문화스페셜 「세상의 모든 라면박스」에서 차용.

럭셔리한 그녀

집을 나서기 전에 그녀는
꼼꼼히 거울을 본다
화장과 복장으로 완전무장됐는지
점검한다
블라우스는 고급 실크
청바지라면 하다못해 게스
서른일곱 살 그녀는
항상 높은 굽 구두로 키를 돋우고
위풍당당 발을 내딛는다
마이너스 통장이 바닥나도록
몸단장을 하는 그녀의 다짐
"나는 럭셔리하게 살 테야!"
생활의 때에 찌든 모습은
주부들에겐 훈장이지만
독신녀에겐 아니올시다
누추하면 약해 보이고
약해 보이면 위험에 처한다네
럭셔리한 삶은 독신녀의 안전책,
스스로를 지키는 방패.

입장과 방향

오후 4시
西로 달리는 차 조수석
눈이 셔
오른쪽 위 거울을 내리다.
그 김에 얼굴을 비춰보다.
왼눈은 거울 속 왼쪽
오른눈은 거울 속 오른쪽
이상하다, 거울 속은 반대라던데
곰곰, 거울 속 얼굴을
마주 보다 억지로 나를 지우고
마주 보는 여자 입장이 돼보다.
왼쪽에 있는 게 그의 오른쪽 눈
오른쪽에 있는 게 그의 왼쪽 눈
이제 되었다!
잠시 지워진,
거울 밖의 내가 피로하다.

백미러의

왼쪽 건물은 내 왼쪽
오른쪽 건물은 내 오른쪽에 있다.
저 왼쪽 건물에 볼 일 있는 사람은
올 때든 돌아갈 때든
한 번은 길을 건너리.
오른쪽 건물도 마찬가지리.

이 세상 어디건
어느 쪽인가의 반대쪽.
(발설하기도 트림 나는 말이지만)

지하철의 詩

문 옆 자리에 앉은 여자가 굳은 얼굴로 속삭인다.
"위에서 하는 얘기야?"
휴대폰에 대고 속사포처럼
"할 얘기가 없다구우!"
여자 뒤 유리창에 딱지 한 장 붙어 있다.
'저자 직강 역학 강의'
'무료'라는 글자는 빨간색으로.
출입문 유리에도 딱지 한 장.
    '재택부업
쇼핑몰 홍보하기 (이메일 보내기)
직장인 주부 가능 30~70만 원 가능'
억눌린 목소리의 "그만둡시다!"
여자가 딸깍 휴대폰을 닫는다.

누가 시 같은 말 한 마디
읊조리지 않을까 막막히 둘러보는데
한 남자가 옆걸음으로 빠르게 다가온다.
앉은 사람들 무릎에

마분지 조각 하나씩 떨구며.
거기엔 간략한 사연 적혀 있을 터.
아무도 묻지 않는다.
여기 적힌 사연이 정녕 사실이냐고.
그렇지 않다는 걸 다 안다는 듯
어떤 이는 입술 끝에 비뚜름 실웃음을 매단 채
마분지 조각을 내려다보고
어떤 이는 제 무릎으로부터 멀어지려
허리를 곧추세우고 시선이 아득해진다.
남자 역시 무심한 얼굴로
기계인형처럼
마분지 조각을 거둬들인다. (돌릴 때처럼 재빨리)
한 소년이 수줍게 돈을 내밀자
그럴 줄 몰랐다는 듯 흠칫 그는
미처 준비하지 못한 인사를 멍하니 우물거린다.
그리고 연이어
지하철 소음에 취한 얼굴로
마분지 조각을 마저 거두고
나타날 때처럼 갑자기 사라진다.

詩와 고양이와 나

상자 가득한 메모 쪽지들
책상 위에 쏟아 붓는다
뭐 하나 건질 것 없나
뒤적거리며
부욱! 부욱! (도통,)
쫙! 쫙! 쫙!
(무슨 소린지……)
갈기갈기 종이 쪼가리
책상 밑에 수북 쌓였다
부욱! 부욱! 부욱!
쫙! 쫙! 쫙!
돌아보니 고양이가
빈 종이상자를 물어뜯어
찢어발기고 있다
나는 초조하고
너는 심심하구나
우리 둘 다 몇 달 새
부쩍 살이 쪘다

달려 내려가
내 살찐 고양이를 덥석 안는다
"내가, 이렇게 널 사랑하는데!"
고양이는 몸을 비틀어 빼며
오직 권태뿐인 말간 눈으로
또 밥을 조른다
내가, 이렇게 널 사랑하는데!

아무도 아닌 사람

집도 절도 없는 사람
친구 하나 없어
친구 집도 없는 사람
제 등짝으로 비를 막으며 뇌까린다
세상에서 제일 나쁜 엄마는
죽은 엄마
젊어서, 아주 젊어서 죽은 엄마
세상에서 제일 나쁜 아버지는
죽은 아버지
동전 한 닢 안 남기고 죽은 아버지
(나이가 몇이오?)
평생
일터도 없이
사랑도 미움도 없이
아무도 아니게 진작 삭은 삶
눈 코 입으로
짜고 쓴 액체가 걸쭉히 흘러나온다
죽은 엄마, 죽은 아버지

쓰고 짠 하늘염전

회색 구름들 침침한 웅덩이들

내려온다, 가라앉는다.

깊은 졸음

뒤로도 양옆으로도
벽을 훑내리는 비바람 소리
방충망에 걸러져
방 안 깊숙이 들이치는 빗가루들
등덜미에 잔소름으로 맺힌다
산란한 빗소리
속수무책.

르네 마그리트

시든 국화 한 다발,
낙엽 위를 구르던
지난 가을의 빗소리,
너는 항상
모든 걸 알고 있었지
(눈물이 나네)

묘지 사무소 관리비 독촉장,
공지 사항 알림장,
나뭇잎 두세 장,
바짝 마른
풍뎅이 한 마리,

묘비 옆 우편함.

언덕 위 교회당

서울역 철로 위 염천교 건너면
구둣방들이 줄지어 있습니다
보기만 해도 발목 시큰한
하이힐들이 맵시 뽐내는 가게도 있고요
구둣방들 저마다
뚜벅뚜벅 또각또각 소리 삼키고 구두들이
우직히 임자를 기다립니다
그 거리 끝 횡단보도 앞에서 보았습니다
나무들 울창한 언덕 위
뾰족지붕 교회당
오후의 햇빛 아래 나뭇잎들 일렁이고
내 마음 울렁였습니다
살랑 살랑 살랑
이대로 멈췄으면 하는 순간이
살랑입니다
신호등이 몇 번 바뀌도록 멈춰 서
언덕 위 교회당을 바라봤습니다
먼지처럼 자욱한 소음 속

우뚝 솟은 언덕 위 교회당
첨탑 끝 하늘 그 너머로
내 마음 내닫습니다
또각또각 뚜벅뚜벅
수 켤레 구두 닳도록 지난 길 되돌아가는
그립고 먼
언덕 위 교회당.

권태

나무 한 그루 없는 비탈길
그늘 한 점 없는 우물가
우물벽돌도 빨랫돌도 바짝 마른 한낮
우물턱에 걸쳐 있던 두레박이
텀벙!
우물물을 우므러뜨린다
우물물이 끌려 올라온다
두레박 속에
햇살의 젖은 함석빛 박편들이
찰랑거린다
잇새에 새큼히 고이는 침처럼

텀벙!
우물물이 묵직하게 우므러든다
두레박에 쓸려든 다른 우물물이
함께 끌려 올라온다
다시 텀벙!
또 텀벙!

이번엔 두레박 끈도 텀벙!
두레박이 비스듬히 기울며
우물바닥으로 끌려 들어간다
우물턱에 걸쳐 있던 갈고리가
날랜 가마우지처럼 쫓아 내려간다
갈고리에 채인 두레박과
우물물이 파들거리며 끌려온다
두레박 끈이 우물벽에 절꺽절꺽
붙었다 떨어지며 뒤따라온다

나무 한 그루 없는 비탈길
쥐 죽은 동네방네
두레박도 갈고리도 사라진 우물턱이
흠뻑 젖어 있다
우물가에서
몇 걸음 젖은 발자국
그 다음은
바짝 마른 한낮이다.

여름의 목록 1

> "어떤 풍경들은 화인(火印)처럼 마음에 새겨져"
> ——이현

짙파란 바다

하얀 해변

검은 나무 초록 정수리

노랗게 튀는 햇발

꽃 흰 양귀비들

(아주 짧은 한숨,

언제까지고 떨림이 그치지 않는)

만개한

적막.

패배자들의, 가능세계

지하철 6호선
새절역 화장실 가운데 칸
오른편 벽에 적힌
'패배자들의 칸'

무슨 승부에서 졌다는 걸까, 그는
변비일까 오줌소태일까 아니면
전립선 비대? (여인네가?)

패배자들의 칸, '의'와 '칸' 사이에
'가'가 뭉개져 있다
가…, 뭐라고 쓰려다 만 것일까?
패배자들의,
가래톳? 가랑이? 가랑비?
가시방석? 가설무대? 가스 활명수?

불광천을 따라 걸으며
뭉개진 글자를 복원해본다

패배자들의,
가교, 가갸거겨, 가가호호, 가오리,
가정생활, 가정교사, 가이드라인, 가등기,
가능성, 가동성, 가변성, 가학성향,
가망 없음, 가위눌림, 가슴앓이,
가역반응, 가엾음, 가없음,

땅거미를 적시는 물비린내
어스름의 하늘엔 바람 누린내
애 어른 오글오글한 천변
토요일 저녁이다

가두행진, 가무음주, 가시나무새,
패배자들의,
가상현실, 가장행렬, 가장자리, 가출, 가출옥,
패배자들의,
가타부타, 가부간에, 가부좌, 가부키, 가라사대,
가마솥, 감옥소, 감언이설, 감기몸살,

(한강까지 2200m)

각골명심, 각개전투, 각양각색,
패배자들의,
감지덕지, 각성바지, 가성빈혈, 가창력,
감 놔라 배 놔라, 갈릴레오 갈릴레이,
패배자들의, 뭉개진 '가'
아, 가운데!
패배자들의, '가운데' 칸

(한강까지 2000m)
갈릴레이 갈릴레오!

집 1

이사 온 날
하얀 벽지로 꾸민 팽팽한 방
천장도 벽도 그늘 한 점 없이 환했다
한 달이 지나 한쪽 벽
천장에서 방바닥까지
길게 금 하나 생겼지
또 한 달이 지나니
창틀 모서리에서 금 하나 또 기어나와
신발장 뒤로 숨어들었다
벌어진 틈으로 시멘트가
바싹 마른 맨살을 드러냈다
뭐, 이쯤이야

날이면 날마다 벽과 천장이
올록볼록 울퉁불퉁
벽지 안쪽 사정을 조잘조잘 실토하고
그래도 뭐, 나는 태평했는데

온종일 비 쏟아진 뒤
천장에 갈색 점 하나
멍처럼 번진다
둘, 셋, 넷, 다섯
수심처럼 번진다

벽지 너머에서
커다란 비밀이 발꿈치를 들고
젖은 발을 딛고 있는 듯
다섯 개의 둥그스름한 얼룩이여

조마조마 지켜보는데
그대로 뚝 멈춰 있다
뭐, 뭐, 저쯤이야

비가 전혀 새지 않는 집은
살아 있는 집이라 할 수 없다네.*

* 건축가 조건영 선생의 말씀.

꿈속의 나오미

그러나 새벽이 오고
짧았던 행복도 가고

꿈속의 나오미를 밀어붙이며
날선 소리가 뛰쳐든다
이어폰을 뗀 한쪽 귀가
쫑긋 선다
기다릴 새 없이
날선 소리 거듭
새벽 공기를 긋는다
참경에 처한 새끼고양이?
아니, 어린 여자애의 새된 목소리

누가 저 목구멍 속에
비명 소리를 집어넣었나?

고통이나 공포의 낌새 없이
외롬과 짜증이 엷게 밴 목소리

비명은 거듭될수록 변질된다
목구멍을 잔뜩 부풀리며 떠는 건
방울방울 돋는
까닭 모를 기쁨
계집애는 이제
박장대소하듯 비명 지른다

그러나 새벽이 오고
짧았던 행복도 가고

꿈속의 나오미
동트자, 팅
무정하게 벌어지는 나팔꽃의
청람빛, 쉘라!

고양이를 부탁해

> "아, 미치겠다…… 너는 또 누구냐?"
> ── 천사언니*

비 막 그치고
맑게 씻긴 장독대 항아리,
그 뒤에 항아리 같은 눈망울,
고양이입니다.
도둑고양이, 길고양이, 골목고양이,
노숙묘라고도 하지요.
'커다란 고양이와 어린 고양이가
말라비틀어진 닭 뼈다귀를 두고
사투를 벌이는 곳'**에서 삽니다.
어떤 사람은 침을 뱉고 발로 찹니다.
시끄럽다, 더럽다, 무섭다 합니다.
(생각해보세요, 어느 편이 진짜 그런지)
굶주린 고양이한테 약 섞은 밥을 줍니다.
엄마고양이를 쫓아버리고, 갓 태어난 새끼고양이들을
쥐 잡는 끈끈이로 둘둘 말아 내버리기도 합니다.
그런 사람들이 너무너무 많고 많아
"아, 미치겠다…… 너는 또 누구냐?"

돌봐야 할 고양이가 또 보이면
천사언니는 반갑고도 힘겨워 탄식합니다.
잔인하고 무정한 이 거리에서
구사일생으로 살아가는 고양이들.

고양이들이 사라진 동네는
사람의 영혼이 텅 빈 동네입니다.
이만저만 조용한 게 아니겠지요.
그러면, 좋을까요?

* 인터넷 카페 〈고양이라서 다행이야〉 회원.
** 위 카페의 한 게시글에서.

인연

맨 처음 만났을 때
우리는 모르는 사이였지
그 순간을 생각하면
가슴이 두근거려
하마터면 그냥
지나칠 뻔한 그 순간

나는 키가 작아 앞줄에 앉고
너는 키다리,
맨 뒷줄이 네 자리
아, 우리가 어떻게
단짝이 됐을까!

키다리 친구들과 둘러서서
바람이 가만가만 만지는 포플러나무 가지처럼
두리번거리다 나를 보고
너는 싱긋 웃으며 손짓한다
너를 보면 내 코는 절로 벌름벌름
내 입은 벙글벙글.

가을의 끝

나무들이 몸을 뒤채며
씻기고 볶이고 배배 틀리며
땅속 깊이 발톱을 박아넣는다
갈갈이 찢긴 가랑잎들이
땅거죽부터 하늘 끝까지 회오리친다
창문들, 처마들, 간판들,
개들과 새들과 사람들, 그리고 현수막들
모두들 달리고 있다
제가끔 달리고 있다
소리소리 지르며 달리고 있다
속이 탁 트이도록
멍해지도록

쇠대야 하나
왱댕그랑 뒹굴며 바람의 행렬에 합류한다.

| 해설 |

'황인숙 때문에 황인숙보다 더 유명한 황인숙의 고양이'라는 말이 가능한 까닭

김 정 환

  황인숙 시는 대체로 얼핏 명랑해 보이면서도 얼핏 이야기와 감각의 분위기가 아주 교묘하게 엷다. 미동(微動)보다는 오히려 혹시 미동할까 봐 건드리기가 꺼려지는, 그래서 교묘한 것이지만, 어쨌거나 첫눈에 그의 시가 모종의 '미학적 결벽'에 시달리거나 '다이어트 중' 아닐까 하는 인상을 갖기 쉬울 것이다. 가령 「여름이 오고 있고나」(p.18)의, 매우 드문 고의적 의고투가 자아내는 스스로 설레는 혹은 제 몸을 휘젓는 효과는 여느 시 여느 경우보다 배는 더 강하게 울린다. 전문이다.

    용산 구민체육대회를 보러
    용산 중고등학교에 가는 길
    문득 잠에 떨어질 듯한

저 붐빔, 시듦의 붐빔
탁발 나온 꿀벌 한 마리 없고나
향기도 나고 코피도 나던 장미꽃 덤불
문득 심심한 걸음 멈추고
마치 이걸 탁발하러 나선 듯
감읍하여 눈에 담던 장미꽃 덤불
향기고 코피고 흔들어 다 헹궈내고
한 무더기 혼곤으로
담장에 얹혀 있고나
저 건너편에서 떠들썩 운동장을 흔들며
여름이 오고 있고나.

  그러나, 황인숙 시의 요체는 이런 식의(흔히, '노처녀 혹은 독신주의자 처녀의 쓸쓸한, 독특한, 발랄하고 명랑한 감성'으로 요약되는) 접근보다 더 본질적인 방식을 요한다. 황인숙 시의 본질은 이보다 더 본질적이다. '시란 무엇인가'에 대해 우리가 함부로 '말할' 능력이 없고 함부로 '말해서도 안 되지만, 아무리 '보아'도 시가, 아무리 감동적이란들 어떤 말짱한 이야기를 끼깔하게 요약-정리해낸 것은 아니지 않은가, 군데군데 적당하고 상투적인 '감각의 구멍'을 파놓는 것이 시는 아니지 않은가, 소설도 그럴 것이거늘 더군다나 시란, 시 한 편이란 어쨌거나 뭔가 생의 이상한 '기미'를 느끼고 좀 이상한 '이야기=감각'을 펼치며 '필자=독자'를 새롭고 낯선 감동의 장으로 꼬드겨 올리려는 '이상한 찰나'의 게임 아니겠는가. 이런 답변성 질문을 하고 나면 황인숙 시는 아연 (멀쩡해서 더욱, 아니 말짱할수록 더욱) 불길하고 참신한 에너지로 가득 찬다. 그것은 이 시집 첫 작품부터 그렇다. 제목은 '웃음소리에 깨어나리라.' 다시 전문이다.

> 낯선 집 낯선 가족 낯선 식사 자리에
> 돌연 내가 있다
> 어색해하는 건 나뿐
> 이들은 낯선 나를 개의치 않고
> 식사를 계속한다
> 하도 이상해서, 이게 꿈인가? 곰곰
> 생각해보니 꿈이 맞다
> 꿈인 줄 알면서도 어색하다
> 어찌나 어색한지 꿈같지 않다
>
> 그 세계 사람들은
> 얼마나 이상하게 사는 걸까?
> 난데없이 누군가 나타났다가
> 절로 사라지곤 하니
>
> 다음엔 한번 웃어보리라

커다랗게 깔깔깔 웃어보리라
그들이 깨어나리라
나를 빤히 바라보리라

봐라, 달이 오줌을 눈다
무덤 저편도 젖을 것이다.

  여기서 '나'는, 물론 시적 화자이지만, 또한 혹시 그 유명한 황인숙의 고양이? 황인숙은 고양이에 대해 쓴다. 이따금씩은 고양이가 황인숙을 통해 쓴다.
  황인숙이 실제로 기르고 있(다기보다는 보살피는, 그리고 그보다는 모시고 있)는 고양이들을 보고 나는 이런 구절을 얻은 적이 있다. '인간이 고양이의 매력을 느꼈던/원초를 생각한다. 고양이는/애초부터 야만과 침묵을 넘어선다./고양이는 침묵의 화사한 증언이다./갸릉은 물론 할퀼 때도 고양이는/야수가 아니라 미녀다. 우리는 어느새/고양이의 눈을 보지 않고 고양이/눈으로 세계를 본다…(『드러남과 드러냄』, 「3학년 3반―무언실천」 중)'. 황인숙이 이번 시집에서 내숭 없이, 즉 노골적으로 펼치는 고양이 이야기의 시작은 비유와 질문(의 방식이자 내용)이며, 제목은 그 둘을 최대한도로 합친, '그 참 견고한 외계'(p.19)다.

  〔……〕

어디서 왔니, 새끼고양아?

새끼고양이, 아무 소리도 못 들은 듯
내가 흘긴도 보이지 않는 듯
그러나 손을 뻗자
송사리처럼 재빨리 달아나네
물속의 송사리처럼 새끼고양이
아무것하고도 섞이지 않네.

얼핏, 이토록 귀엽고 앙증맞은 '자연의 비유'가, 여전히 살갑고 친근한 채로, '아무것하고도 섞이지 않는,' 우주 삼라만상에 대한 외경을, 이토록 급박하게, 아니, 거의 정면 충돌하듯, 낳는 경우는 아주 희귀하다 할 것이다. 질문 바로 앞이 '노란 빨래집게를 재빨리/물었다 뱉었다 희롱하네'의, '작란'과 연관된 구절이라는 점을 감안하면 더욱 그렇고, 그 깨달음이 뒤늦게 온다는 점을 감안하면 더욱 그렇다. 그리고, 그러므로, 이 외경은 소위 생명의 거룩함 운운과 다른 외경이며, 두려움 너머, 종교 너머 시의 외경이다. 그 '외경=시'는, (벌써 '그 참'의 힘을 입어)부드러움을 견고한 외계와 동일시하면서 애초부터 발랄은 나이를 먹어감에도 불구한 발랄이 아니라, 나이 먹을수록 자연스러워지는, 생명이 가벼워지는, 다이어트되는 결과로서 발랄이라는 것을 족히 깨우쳐준다. 그리고 이때 고양이는, 이미 반쯤은, 황인숙 자신이다. 아니면, 황인숙을 통해 제 말을 하는 고양이?

 이것만으로도, 이 점만으로도 우리는 첫 시로 다시 돌아가고픈 유혹을 느낀다. 그리고 그 유혹에 빠져든다 한들, 돌아가 다시 한 번 읽는 것만으로도 헛되지 않고, 보답은 상당하다. 하지만 우리가 그럴까 봐 걱정되는 듯, 흡사 두 손으로 가로막듯, 연이은 시 「지붕 위에서」는 뭔가 광활한 펼쳐짐이, 처음부터, 자세히 보지 않아도 이상한 광활이고 이상한 펼쳐짐이며, 고양이와 황인숙이 등장하는데, 처음부터, 자세히 보지 않아도 이상한 등장이다. 찬찬히, 몇 행씩 끊어가면서 읽어보자.

   기와 지붕, 슬레이트 지붕, 콘크리트 지붕, 천막으로 덮인 지붕,
   굽이굽이 지붕들의 구릉과 평원을 굽어본다

웬 지붕이 이리 많은가? 등장은 고양이와 황인숙의, 혼동이다. 혼동의 등장도 아니고 등장의 혼동도 아니고, 혼동스런 등장도, 등장하는 혼동도 아니고, 등장이 바로 혼동이며, 그래서 절묘한 '등장=혼동'이다. 그러므로,

   지붕들이 품고 있을 크레바스와 동굴들, 겹과 틈까지
   샅샅이 굽어본다

는 전혀 이상하지 않아서 이상하고, 참신한 동시에 원초가 유구하다. 그러니,

> 와우, 저 지붕을 쫘아악 펼치면
> 지상을 몇 번이나 덮을까? 견적을 뽑는데
> 은빛 천막 위에서 몸을 쭉 뻗고
> 일광욕을 즐기던 고양이가 예감이 이상한 듯
> 고개를 들어 둘러보다 나를 향해 얼굴을 멈춘다
> 심기가 불편한 모양이다

'와우'는 이제 전보다 훨씬 더 복잡한 '와우'고, 전보다 훨씬 더 상큼한 쉼표다. 그리고 등장하는 고양이는, 황인숙이 보는 고양이이기도 하고, 고양이가 보는 황인숙이기도 하고, 자신이 고양이라는 '개념'이 없는 낯선 존재, 즉 고양이의 고양이로서 황인숙이기도 하다. 아무리 황인숙의 고양이란들, 고양이가 어떻게 인간의, 시인의, 황인숙의 언어를 안다고 하겠는가, 황인숙이 아무리 고양이의 시인이란들, 어떻게 고양이의 언어를 안다고 하겠는가, 아니 설령 안다고 생각한단들, 그게 정말일지 누가 알겠는가? 그러나, 황인숙과 고양이의 등장에 이은, 아니 등장과 동시 진행되는 언어 혼동은, 그 혼동이 보여주는 틈새는 그 모든 질문보다 훨씬 더 의미 있고 흥미롭다. 시의 진경이 이뤄지는 가장 의미 있고 흥미로운 영역 중 하나인 까닭이

다. 그리고 이 영역에서 황인숙이 이룬 성과는, 지금 본 것만으로도 이미, 독보적이다. 어쨌거나, 시는 이어진다.

　　걱정 마시라, 네 영역을 공유하기에
　　내 몸은 너무 무거우니까

　이 두 행의 분명하고 명징한 '너나들이'는 얼핏 '등장=혼동' 효과를 씻어낸다. 하지만, 이미 미학적인 뿌리가 내려진 터.
　'공유하기에'가 아니라 '공유하기엔'이라 썼다면 정말 무거웠겠고, 더 가벼워지기 위해 '내 몸은' 대신 '내 몸이'를 취할 경우, '내 영역을 공유하기에 내 몸이 너무 무거우니까'는 뜻이 영판 어긋난다. 그리고 양자 사이 위 두 행은, '무거움의 역설' 혹은 '중력의 곡예'라 할 만한 것을 성취하면서 '너와 나의' 명징성을 또 다른 혼동의 깊이로 전화하는 것이다. 다시, 그러니,

　　저 空中空間의 활용자인 고양이들
　　고양이의 몸 안에서 뻗치는 기운이
　　고양이를 위로위로 올려 보내서
　　광활한 이 영토를 발견하게 했으리라

같은, 얼핏 서툰 듯 보이는 첫 행의 은유와 얼핏 엉뚱해

보이는 마지막 행의 '~리라' 투가 이루는 얼핏 딱딱한 괄호 속에서 2~3행이 오히려, 고양이의 것인지 사람의 것인지 알 수 없는 채로 '이상한' 생동감을 더욱 발할 수 있는 것이고, 그 생동감에 힘입어 그 다음의 (내용보다 형식이) 더 무거운 돈호,

    아드레날린 중독자인 고양이들이여

를 너끈히 감당하고, 다음과 같은 '이상한,' 그리고 이상해서 '감동적인,' 그 유례를 찾기 힘든, 그리고 유례를 찾기 힘들어서 감동적인, '혼동의 합일'이라는 대단원에 이르는 것이다.

    기울어진 지붕, 흔들거리는 처마,
    말하자면 기우뚱함에, 그리고 지붕과 지붕 사이의 허공에
    너희는 환장을 하지
    그래서 마치 지붕들이 고양이를 낳는 듯
    불쑥불쑥 고양이가 지붕 위로 솟는 것이다

    뒤안길도 사라진 이 도시에서
    지붕 위의 뒤안길, 말하자면 위안길에
    살풋 호흡을 얹어본다.

「지붕 위에서」는 '황인숙표'로는 꽤 긴 편이고, '긴 편의 걸작'이다. '황인숙 때문에 황인숙보다 더 유명한 황인숙의 고양이'라는 말이 가능할까, 아무리 유명해봤자 '황인숙의'라는 소유격을 뗄 수 없는데 황인숙보다 더 유명한 황인숙의 고양이가 어떻게? 하지만 위 작품은 그게 가능하다는 것을, 그리고 그 가능성이야말로 시의 진정한 영역이라는 것을 보여준다.

  이제 첫 시로 돌아가도 될까? 되겠다. 보상은 훨씬 더 많을 것이다. 하지만, 역시 연이은 작품으로, 하나쯤 더 읽어야. 이 시집이 지니는 묘미의 범위와 깊이를 최소한 감이라도 잡을 수 있다. 제목은 '낮잠.' 첫 연과 둘째 연이다.

    지금은 내가
    사람이기를 멈추고
    쉬는 시간이다
    이 시간 참 많은 사람들이 나를 찾아온다
    알 듯한 모르는 사람들과
    모를 듯한 아는 사람들
    그리고 전혀 모를 사람들

    어떤 사람이 공연히 나를 사랑한다
    그러면 막 향기가 난다, 향기가

사람이기를 멈춘 내가 장미꽃처럼 피어난다
톡, 톡, 톡톡톡, 톡, 톡,
지금은 내가
사람이기를 멈추고 쉬는 시간
아는 이 모두를 저버린 시간

마지막으로, '황인숙=고양이'의 '혼동=일치'라는 틀이 다른 시들한테도 적용하고 싶을 만큼 매력적이라는 점보다 더 중요한 것은, 그런 적용을 받은 시들이 그 틀 속으로 정형-단순화하기는커녕 무한하고 생생한 상상력의 탄력을 받게 된다는 점이다. 이 이야기를 하기 위해 여기까지 오기도 했다. 이제 우리는 첫 시로도, 이 시집의 어느 시로도 갈 수 있다.

그리고, 아무리 보아도, 내 글의 역할은 여기까지다. 내용과 형식 양쪽에서 내가 본 중 가장 집요하게 깔끔한 이 시집에 '사족'을 붙일까 두렵기도 하거니와, 상상력의 탄력을 받는 광경은 각자 더할 수 없이 경이로울 뿐, 굳이 '해설'을 요하지 않는 까닭이다. 그것은 순전히 독자들 상상력의 몫이고, 다소 몰상식적(?)인 안내 절차만 거치면, 황인숙이 충분히 조성해놓은 장이다. 이 글이 예의 '해설'이 아니라 '도입' 혹은 '안내'라는 뜻의 'introduction'이 될 것을 나는 처음부터, 다소 '미리' 주눅 들며, 알았다.

그리고, 안내장의 결론은 「낮잠」 3~4연이다.

문득, 아무래도 상관없다,
아무래도 상관없다고,
톡, 톡, 톡톡톡, 톡, 톡!
사람이기를 멈춘 내
영혼에 이빨이 돋는다
아는 이 모두가 나를 저버렸다!

톡, 톡, 톡톡톡, 톡, 톡,
모두 다 꿈이라고
절세가인 날씨의 바람이
나를 흔들어 깨운다.

정말, 곧바로 이어지면서도 너무나 근사한 결론 아닌가!